여인의
봄

이의희 시집

여인의 봄

487 · 문학공간시선

한강

시인의 말

하늘하늘 봄바람이 불어오면
오늘 하루도 참 잘살았습니다.

시를 묵묵히 키워 가는 저에게
단비처럼 힘이 되어 주신
가족과 선생님들 고맙습니다.

서툴게 키워 낸 시로
첫인사를 드립니다.

오슬오슬 겨울바람이 붑니다.
오늘 하루도 잘살겠습니다.

2024년 꿈꾸는 동백
이의희

이의희 시집 **여인의 봄**
차 례

□ 시인의 말

제1부 은밀한 비밀

배꼽 —— 13
찻물을 우리다 —— 14
가끔은 —— 15
냉장고처럼 —— 16
여인의 봄 —— 17
여우비를 기다리며 —— 18
엄마 시험 —— 20
행복가 —— 22
아가야 —— 23
은밀한 비밀 —— 24
성에꽃 —— 26
생각의 보푸라기 —— 27
마음의 방향 —— 28
귓병 —— 29
버려진 것들에 대한 묵상 —— 30
열차 안에서 —— 31
늘 열 시 —— 33

여인의 봄 　　　　　　　　　　　이의희 시집

34 ── 풍향
35 ── 모래 한 알쯤이야
36 ── 그 밤 이후

제2부 그대가 있어 행복합니다

39 ── 아카시아 가시
40 ── 그대가 내게로 오는 그동안만큼은
42 ── 고추소박이를 담그며
43 ── 첫사랑은 비가 되어 내리고
44 ── 설란, 시가 되어
45 ── 그날은 조금씩
46 ── 잊고 싶어지면
47 ── 수국
48 ── 천사의 나팔
49 ── 상사화
50 ── 동강할미꽃
51 ── 용두산 산안개
52 ── 그대가 있어 행복합니다

이의희 시집 **여인의 봄**

눈물샘 —— 53
한철 —— 54
매미 —— 56
바람에 대한 단상 —— 57
무더위 속의 산책 —— 58
오늘의 그림 —— 59
세상은 말이야 —— 60

제3부 가을엔 하고 싶은 말을 전하세요

빈터 —— 65
가을 택배 —— 66
장마의 시작 —— 67
잘 지내시나요 —— 68
탈피 —— 69
집고양이 일탈을 꿈꾸다 —— 70
여유 한 잔 —— 71
처서의 장미 —— 72
변신은 무죄 —— 73

여인의 봄　　　　　　　　　　　이의희 시집

74 ── 영사기가 있다면
75 ── 가을엔 하고 싶은 말을 전하세요
76 ── 가슴속에서만 울고 있다
78 ── 지진, 땅의 눈물
79 ── 정류장 엘레지
80 ── 조물주 위에 건물주
81 ── 나의 선택은 즉흥적이었다
82 ── 어느 회사원의 탈출기
83 ── 냉전의 끝
84 ── 터널을 대하는 자세
85 ── 갈대의 낭독

제4부 겨울나무

89 ── 겨울의 등
91 ── 곶감
92 ── 별 다방 미스 김
94 ── 그녀는 언제나 봄
95 ── 그때가 또다시 오면

이의희 시집   **여인의 봄**
차 례

가시 ── 97
어머니 ── 98
별리 ── 100
푸른 겨울밤 이야기 ── 102
구멍에도 삶이 있다 ── 104
사진 그 한 장 ── 105
천문암에 첫눈이 내리고 ── 106
나무라서 혼자라서 ── 107
꽃물 ── 109
겨울나무 ── 110
추어탕 ── 112
전기놀이 ── 114
개복숭아 서리하던 날 ── 116
구십의 바람은 ── 118
목침 ── 119

□ 해설_최길하

은밀한 비밀

제1부

배꼽

떨어진다는 건
생명 하나 만드는 일

배꽃 떨어진 자리에
배가 열리고
탯줄 떨어진 자리에
아이 하나 태어나듯

그러나,
떨어진다는 건
가장 처음 겪는
외로움의
시작

찻물을 우리다

한 잎 봄빛이 우러나온다
찻잔 가득 풀어져 나온 봄이
방 안 가득 향기롭다

댓돌 위에 눈 녹은 겨울빛 낙수
한 방울씩 덕담을 나누고
마주 보며 웃는 그대와 나
입가에 봄이 파릇하다

잊었던 것
지우고 살았던 것
그대 품에 여인으로 우러나
오래도록 감도는 향이고 싶다

가끔은

가끔은 우산 없이 비를 맞고 싶다
두 귀를 손으로 막고 오로지 나만을 향해
쉼 없이 속삭이는 빗소리를 듣고 싶다

가끔은 낚싯대를 드리우고 싶다
빈 바늘에 놀라는 물고기보다
빈 바늘 드리운 내가 더 안쓰러워
가만히 위로해 주고 가는 물고기를 만나고 싶다

가끔은 빈방에 홀로 있고 싶다
벽시계 초침 소리와 어항 속 산소 방울 소리
여자가 되고 싶은 한숨이 고인 방
긴 밤 작은 온기에도 쉽게 넘어가고 싶다

가
끔
은

그런 내가 사랑스럽다

냉장고처럼

흥부전의 능청낭인지
넘큼넘큼 잘 받아 넣던 너
날이면 날마다,
한 이십 년을
쓰다듬고 어르고 달랬던 너
몇 년은 성에를
몇 달은 얼음꽃을 대책 없이 피웠던 너
문을 열면
줄줄 흘러내리던 시간의 꽃물 속
몇 번의 굉음과 함께 너는
너를 처음 만났던 그때로
가장 너다웠던 때로
돌아가 버렸다
대책 없이 줄줄 흐르던 꽃물을 안고 살던 나도
너처럼 돌아가는 중이다
빈 태항아리만 안고서

여인의 봄

봉긋거리며 붉게
물들어 버린 작은 망울들
촉촉이 젖어 오르는
하얀 솜털 사이로
여인이 걸어 나온다

우윳빛 가는 목선을 따라
아주 천천히 부드럽게
입술을 머금고 부풀어 올라
불꽃처럼 터져 나온다

여우비를 기다리며

하늘은 예쁘다는 말을 좋아했다
어느 날 하늘은
먹구름과 번개와 천둥을 지웠다

해는 날마다 예쁘게 웃어야 했고
바람은 날마다 흰 구름으로 수를 놓아야 했다
하늘은 점점 예뻐졌다

하늘이 예뻐질수록
땅은 거칠어졌다
꽃은 더 이상 피어나지 않았고
나비도 날지 않았으며
땅은 메마르고 갈라졌다

하늘을 향한 원망이 가시처럼 돋아났다

깜짝 놀란 하늘이
씨앗 한 알 토해 놓았다

통통하게 물오른
시詩알 하나를

엄마 시험

엄마가 잠이 들었어요
병실 침대맡에 턱을 괴고 앉아
엄마가 좋아하는 것들을 써 보았어요

빨강
딸기
동백아가씨
지웠다 썼다
두 번 세 번
이거 맞지! 맞을 걸!

잠 깬 엄마가
쿡, 소리 나게 웃더니
채점을 하시는 거예요

아! 죽죽!
비 쏟아진 시험지를 보면서 알았어요
엄마에 대해 아무것도 몰랐던 것을요

창밖에 천둥이 울고 번개가 치더니
한바탕 비가 쏟아졌어요

엄마는 천둥이 싫다며
이불을 턱까지 끌어올리며 돌아누우셨어요
—것도 몰라
—파랑, 복숭아, 소녀의 기도

그날은 비가 멈추질 않았어요

행복가

꽃씨 한 알 심었어요

날마다
무슨 꽃 필지 기대했지요
구름 불러와 비 한 줌도 뿌리고
해님 불러와 빛 한 줌도 뿌리고
폭폭 익은 거름도 주었어요

꽃씨는
싹을 올리고 줄기를 세우고 꽃망울을 맺었어요

간혹, 심술궂은 바람이
꽃망울을 흔들어 대기도 하지만
겨울 지나면 봄이 오듯이

사람과 사람 사이에
눈이 녹으면, 나비가 날아오르면
꽃이 피어요 꽃이
웃음꽃이 활짝 피어요

아가야

웃고 있는 꽃이 고와서
나도 그만 따라 웃었지

울고 있는 꽃이 귀여워
나도 그만 따라 울었지

언제나 널 보면
울고 웃는 일들이
행복하기만 하단다

은밀한 비밀

손목이 아파 며칠을 앓다가
정형외과에 갔다
아픈 곳을 보자며
방사선실로 보낸다

'꼭 노크해 주세요'
문구가 쓰인 문 앞에서
매무새를 다듬고
깊게 숨도 고르고
문을 두드린다 조심스럽게

나를 반긴 마스크의 사내
차가운 기계 위에 손목만 올리란다
그리곤 어둠 속으로 사라졌다
번뜩 드는 생각

그는 비밀을 캐는 중이다
내 몸의 비밀 은밀하게 숨겨 둔 비밀
보석 몇 개가 박혔는지

그 보석이 몇 캐럿인지
아마 가격이 얼마인지 감정도 할 것이다

손목에 박힌 보석은
처음엔 값을 매길 수 없을 만큼
빛이 났다 영롱하게

보석이 빛을 잃고
힘을 잃었다는 것은
들키고 싶지 않은 비밀

어둠에서 들린다
'끝났습니다'
순간 엑스레이 속 손목뼈가
반짝거렸다

성에꽃

어둠을 향해
무수히 세웠던
날 선 가시들

쉼 없이 찔려
하얗게 멈춰 버린 눈물

따사로운 햇살에 안겨
날 선 나는
꽃 한 송이 피우고 있다

생각의 보푸라기

북어가 되어 안마 침대에 누웠다

전신을 두드리는 방망이질
두드리고 두드리고 두드리고

살결이 부드러워졌다
생각이 부드러워졌다
보푸라기가 햇살에 빛난다
푸른 바다를 향한 생각의 주름
결 따라 짙게 밴 고향의 향기
푸른 생각들이 빛난다 유영한다
파닥거린다

마음의 방향

화분 바닥을 뚫고 나온 뿌리들
옹색한 공간을 벗어던지고
망망대해를 여행하는 중이다

몇 번의 걸림돌에 넘어져야 했던 나,
단단해져 버린 말랑했던 마음
갈 곳을 잃은 마음 씨앗이
수축하는 혈관과 거칠어지는 심장
몸의 구석구석을 흔들어 깨운다
붙살이로 살지 말자
홀로 서는 연습이 방향을 잃어 휘청거린다

희끗,
어둠의 경계에서 등댓불이 스친다

귓병

건조한 달팽이가 사는
귓속으로
야생의 말이
거침없이 돌진해 들어왔다

거친 말굽으로
앞을 향해 달리던 말은
귓속에 갇혔고
자유를 잃은 말은
더욱 거칠게 날뛰었다

불편한 동거를 시작한 달팽이는
조금씩 말을 길들였고
아주 가끔 야생의 본능에
상처 입은 달팽이가
혼잣말로 울었다

버려진 것들에 대한 묵상

길 위에
구겨진 종이컵
연분홍색 머리끈
허리를 잘린 담배
담장 옆구리를 빠져나온 벽돌
뼈가 드러난 녹슨 사과
뽀로로가 그려진 밴드
그
위로
하나둘 쌓이는
나뭇잎
꽃잎

버려지는 것들도
버려진 것들도
안다
눈길의 무거움을

열차 안에서

플랫폼 벤치에 다리를 꼬고 앉은
사내 둘 여인 하나
계단 기둥에 거미줄을 빗질하는
역무원
쓰레기통 옆에 웅크린 검은
고양이
이제 막 들어서는 열차,
한 방향으로 쏟아지는 열망의 눈동자들

가슴이 뛴다
먼 곳 나뭇잎이 응원을 한다
종착역을 몰라도 좋다
평온한 강물이 가끔씩
흔들리면 떠나고 싶다

끝을 알 수 없기에
기분 좋게 저릿한 혈관들과
공기층을 먹어 버린 부레와 같은
심장, 나의 심장

일탈 없는 선로를 따라
뜨겁도록 타오르는 꿈은
떠난다

늘 열 시

밤의 깊이를 잴 수 있다면
잠들 수 있는
나를 위하여
준비하는 시간
언제나 열 시

하루가 끝나고
또 하루가 시작되는
방향을 잃어버린
바람이 머무는 시간
항상 열 시

어둠 속에서
꿈이 끝나고
꿈을 다시 꾸기 위해
떠나는 시간
늘 열 시

풍향

멈춰진 마음에 바람이 불었다
깃발은 자유로이 나부끼고
빈 가방은
내일의 것들만 담아 두기로 한다
어제의 것들과 오늘의 것들은
그 자리에 못처럼 박혀 버려서
박제되어 말라가고
반죽에 이스트 같은 내일은
부풀어 부풀다 형태를 가늠하지 못하고
식지 않은 커피와 라디오 속 여자는
질투의 시선으로
바람의 시선으로
하늘을 향한다
어디서 와 어디로 향할지 모르는
바람이 마음으로 들어왔다

모래 한 알쯤이야

보도블록이
장맛비 밀려오던 날에
틈새마다 모래알을 낳았다

무심한 신발이
하나쯤 물고 간 줄도 모르고
훤히 배를 까고 누워
철썩이는 바람에 더위를 씻는다

신발도 가끔은 읽히는 속내
양말 속에 가둬 놓은 발가락의 비명

흔한 것들은 쉽게 잊히고 마는데
바다를 향한 모래들의 반항은
그 작은 것들은
발바닥 제일 낮은 곳에서
존재를 알린다

그 밤 이후

줄지어 선 파밭
쭉쭉 미끈하게 빠진 허리
뽀얀 살 내음
호미질하는 사내
굵은 팔뚝에 힘줄이 선다

열대야의 그 밤
몇 번이고 찬물로 삭였을
달아오른 불 뭉치

첫새벽
촉촉한 파밭에서
목덜미를 타고 흐른
이슬인지 이슬땀인지
아지랑이 춤으로 일렁인다

그대가 있어 행복합니다

제2부

아카시아 가시

향기 속에 잊었네요
시퍼렇게 살아 있는 당신을

그림처럼 바라보며
당신이 꽃 지듯 떨어지길 기다렸죠

당신이 새를 품은 모습은
금방이라도 울 것 같았어요

당신을 하나씩 떼어 내고
말랑한 피부가 되었을 때

세상에서 가장 단단하고 부드러운
엄마가 되었어요

그대가 내게로 오는 그동안만큼은

마음이 간다는 건
그대를 내 것처럼 아끼고 사랑한다는 겁니다

한 번쯤
벌거벗어도 좋을
모든 속 다 내보여 주어도 좋을
그대를 내 것처럼 가슴에 담는 겁니다

한바탕
꽃잎이 떨어지고
무심한 듯 나리꽃은 모란의 키를 따라잡고
그대는 처마 끝 낙수로 모여 한 방울 한 방울
그 자리에 옹달샘 하나 만드는 겁니다

기다림의 깊이는 잴 수 없기에
그대가 내게로 오는 그동안만큼은
내 마음은 언제나 제자리걸음만 하는 겁니다

말이 없다고 흉보지 마세요

밤마다 그대를 향한 달맞이꽃은
피고 지고 또 피는 겁니다

그대 신발 위에 비가 내리고
비에 젖은 신발이 천천히 발을 적시면
발끝에서 마음으로 스며드는 그 시간 동안
그대의 마음은 내게로 오는 겁니다

고추소박이를 담그며

고추소박이를 담그려면
쪽 곧은 놈으로 골라 배를 쫙 가르고
속은 아낌없이 탈탈 털어내고
부추며 양파를 아낌없이 고춧가루에 버무려
꼭꼭 눌러 채운다

여기에서 맛은 정해지지 않는다
아무리 잘 맞춘 간이라도
익는 과정에서 그 맛이 달라진다
알싸하고 톡 쏘는 깊은 맛,

나도 속을 비운다
털어낸 속이 헛헛하다
나이만 하나둘 채워 본다
가을 익어 갈 때쯤
노을이 빈 들판에서 깰 때쯤
뚜껑을 열고 음미해 본다
음…
풋맛이다

첫사랑은 비가 되어 내리고

별을 따라 걷다
발길 멈춘 들판
어디쯤 앉아

어둠이 뱉어 놓은
서늘한 상처에
나목으로 굳어진
기억 속을 헤집어
불을 지핀다

상처 위로 아픈 추억들이
진물처럼 흘러내리고
그러다 남겨진 불씨 하나가
가슴을 까맣게 태워 물들이면

검은 소나기 한줄기
내 하얀 그리움을 두드린다

설란, 시가 되어

붉게 내민 입술
촉촉한 당신을 훔쳐보고 싶어
향기를 꼭 물고
찾아왔지요

귀밑머리 사알짝 올려주는 손길 그리워
당신만 꽃 속 가득
품고 왔지요

꽃눈물
똑
떨어지던 날
내게

그날은 조금씩

멀리 있거나 가까이 있거나
나무와 바람 사이
등 시린 그가
산이란 산은 죄다
강이란 강은 죄다
쓸어다 담는다

나뭇잎이 거리를 쓸며 가다
우연히 그녀를 안는 사이

하늘빛은
시월의 맑은 눈동자에 잠긴다

잊고 싶어지면

파도가 부서지는 바닷가에는
약속을 안고 오는 사람들로 넘친다
사연 가득한 약속들은
모래알만큼이나 많아서
바다는 날마다 울고 웃는다

보고 싶다고
사랑한다고
……

파도에 부서신 약속들은
갈매기가 하나씩 물고 가는데
모래 속 깊이 박힌
나의 약속은
오늘도 바닷가 어느 곳에 숨어서
파도와 숨바꼭질하고 있다

수국

그녀였으면 좋겠다
붓끝으로 그려낸 파스텔
빗방울에 번지는 여릿한 향기

오래

두 눈에 남아서
감아도 짙게 흔들리는
그녀였으면 좋겠다

천사의 나팔

밤은 향기가 짙다
아니 밤은 향기가 깊다

한 장 한 장
속살 깊이 숨겨졌던 향기는
밤에만 눈을 뜬다

두려움을 모두 감추고
말갛게 향기로만 유혹한다

상사화

소낙비
개울물 건너가는 소리
시장 가신 엄마 생각에
아가는 창문만큼 자라나고

뒷집 오빠 훔쳐보던
누이 닮은 꽃도
그사이
담을 넘고 있었네

동강할미꽃

겨울 흔적 남겨진
회색빛 절벽 가파른 그 끝
웅크리고 모여 앉은
봄비 맞은 꽃들이

양지에 옹송그리며 앉은
동강마을 할머니들 같다

봄볕
얄랑거리는 아지랑이 사이로
빨갛게 볼이 붉은 할머니가
산들산들 걸어 나오면

등 넓은 할아버지
그림자로 마중 나오고
허리 굽은 할머니가
가만히 등을 기댄다

용두산 산안개

마음이 무거운 날은
산을 오릅니다
한 걸음 한 걸음
미움 아픔 괴로움 슬픔을
딛고 오릅니다
산이 단단해졌습니다

용두산에서 산안개를
만났습니다
길도 나도 숨었습니다
두 눈을 감고
마음을 들여다봅니다
길이 보이고 산이 웃습니다

부드러워진 나도 따라 웃습니다

그대가 있어 행복합니다

꽃을 선물하려고
화원에 들렀어요
사계절 삼백육십오 일
피고 지고 또 피는
제라늄을 만났어요

그대와 하나 된
구천팔백육십삼 일
날마다 피었다 졌던 말
가슴에 담긴 말
오늘은 꽃에 담아 전해 봅니다

눈물샘

가뭄이 심하면
원녀와 광부가 짝을 맺고
불볕 같은 여름날에는
여우가 시집을 가거나
호랑이가 장가를 가

하늘이 감동해서
하늘이 놀라서
비를 주기도 했다지

오랫동안 거친 사막으로
눈물을 잊은 지 오래인 당신께
마르지 않는 샘을 선물합니다
마중물 같은 말 한마디

"고생했어요."

한철

집 나간 며느리도 돌아온다는
전어가 한철이란다
그래 가자 가보자 가봐
마음만 먹다가
단풍철도 지났다

옷장을 여니
줄줄이 걸려 있는 원피스
저 옷은 큰아이 첫돌 때
이 옷은 둘째 아이 입학식에
이제는 입지도 못하는
철 지난 옷들이 추억으로 물들어
단풍처럼 곱다

한철은 갔다네
초겨울 바람이 던지는 말에
화들짝 놀라

아니야, 나의 한철은

지금이라고
아직 오고 있다고

매미

깊은 숲의 이야기입니다
칠 년을 기다려 제 모습을 찾은
사랑의 향기만큼 깊어진
그런 이야기입니다

깊은 폭포의 고백입니다
애태운 만큼 못난 짝사랑이
수없이 부서져 내리는
그런 노래입니다

그대는 오롯한 여름의 주인입니다

바람에 대한 단상

바람이 옆에서 불었다
어깨를 나란히 하고
친구가 되었다

바람이 앞에서 불었다
품 안으로 안기던
연인이 생각났다

바람이 뒤에서 불었다
머뭇거리던 내가
앞을 향해 나아갔다

외연에 바람이 멈추고
나도 멈추었던 어느 날
바람은 불씨가 되어
심연을 가늘게 흔들고 있었다

무더위 속의 산책

그늘이 넓어지는 시간
골목은 목이 쉬었는지
며칠 잠잠하다
고개를 빳빳하게 치켜든
백일홍이 여우 눈을 하고
언니가 흘리고 간
봉숭아물 손톱은
굼뜬 소나기를 부른다

오늘의 그림

씨실과 날실로
하루라는 옷감을 짰습니다
군데군데 나뭇잎 같은 설렘도 넣고
듬성듬성 꽃잎 같은 웃음도 넣어서
가끔은 숭숭 난 구멍으로
햇살과 바람이 다녀가기도 하는
빨강 노랑 파랑 초록
기억하고 싶은 이야기를
모자이크처럼 채워
엄마는 아이의 옷을 지었습니다

세상은 말이야

모자를 푹 눌러쓴 사내가
밤나무 아래를 지나갑니다

알밤 하나씩
비워내고 빈 몸만 남은
밤송이가
그 사내의 머리 위로 떨어집니다

사내는
소스라치게 놀라
쓰고 있던 모자를 벗습니다

옳거니 하며
사내를 지켜보고 있던
속이 꽉 찬 밤송이가
있는 힘껏 머리 위로 떨어집니다

당황한 사내는
너무 놀라 머리를 감싸 쥐어 보지만

발끝까지 내달린 아픔은
쉬이 끝나지 않습니다

우리에게 아픔은
그렇게 갑자기 찾아오나 봅니다

가을엔 하고 싶은 말을 전하세요

제3부

빈터

노을 사막을 걸어온
늙은 낙타
굽어진 무릎으로
달빛을 찧는다

건조해진 마음에
오아시스

그 밤
푸른 는개가
낙타가
자유로울 수 없었다

잡초처럼
뽑고 또 뽑아낸
빨갛게 박힌 어머니의 상처

가을 택배

매미의 목청이 커졌다
바람도 바뀌었고
창을 열어 두는 시간도 길어졌다

앞집에서는 이맘때가 되면
우리 집 대문 앞에
고추며 호박이며 여주까지
당연하듯 펼쳐 놓고 햇살을 빌려 간다

아버지가 보내주신 택배가 도착했다
주먹만 흰 양파가 몇 개
씨가 여물어 속살 없는 호박 몇 개
허리가 살짝 굽은 오이 몇 개
아껴 두었던 끝물 자두 한 바가지
그리고 풋사과 몇 알

며 날을 고심하며 담았을 것들
한 입 베어 먹은 자두에서
파노라마처럼 아버지의 계절이 흐른다

장마의 시작

엄마 만나러 가는 길
아버지 모시옷이
풀 먹여 다린 옷이
구름보다 희었어요

그 길에 여린 풀들은
아버지의 옷자락에
눈물을 닦기도 했어요

지난밤
아버지가 들려주던 엄마 이야기
하늘에 구름도 들었는지
밤새 울보가 되었고
산도 들도 풀도 덩달아 울보가 되었어요

구름보다 희었던 아버지의 모시옷
엄마가 좋아했던 푸른색으로
물들었어요 곱게

잘 지내시나요

하늘에 구름이
눈처럼 많고 많은 날

그 겨울 영화,
러브레터의 인사처럼
안부를 묻습니다

지금 당신도 나처럼
하늘을 보고 계시겠지요

저 하늘의 구름처럼
언제든 사라질
또 어디에서 만나게 될
우리는 그런 사이

오늘은
마음껏 당신을 그리워하렵니다

탈피

넝쿨로 얽힌
내 머릿속에
똬리를 튼 뱀 한 마리가
동안거로 머물다
풀려나는 날
긴
아주
긴
줄기
그
끝에
새 움 하나
새 움잎 하나

집고양이 일탈을 꿈꾸다

외로움이 목줄을 끊었다

등을 달래던 온기와 살 내음
밤을 헤집고 내리는 비에
흘러내린다

돌아갈까
평온한 그 시절로

유리창 너머 하염없이 쏟아지던
별보다 많았던 길고양이의 눈길

털 한 가닥 한 가닥 파고드는
자유를 향한 설렘이
툭
매어진 목줄을 끊는다

여유 한 잔

영화를 기다리며
커피 한 잔을 앞에 둡니다

부지런히 달려온 은행잎이
마주 앉은 의자에 걸터앉고
때마침 띠앗 동생이
잘 있냐는 문자를 보내옵니다

응, 가을을 마시고 있는 중이야
물결 두 개에 눈웃음 하나 찍어
커피 향까지 담아서 보냅니다

오늘의 영화가,
곧 시작입니다

처서의 장미

편지 한 장이 도착했다

행과 행 사이에는
꽃들이 피어 있었다

꾹꾹 눌러쓴 사연들과
숨바꼭질하는 사이
걷다가 멈추고
뛰다가 넘어지고
말들은 그렇게 쉼을 몰랐다

편지가 바람에 떨어질 때쯤
하지 못한 말들이
눈빛들만 흘기며
달아나듯 날아가 버렸다

변신은 무죄

수년째 바위솔이 자란다
모양도 가지각색의 화분에서
일 년 내내 붙박이로
다양한 바위솔이 자란다

가끔 붙박이 화분에서
바위솔이 하나씩 사라졌다

그 자리가 빌세라
꽃을 심었다
올해는 유독 빈자리가 많아서
꽃을 심는다는 게
고추 모종을 심었다

바위솔 보고, 꽃 보고
행복했던 것이
고추꽃이 피자, 고추가 열리자
웃음이 절로 난다

영사기가 있다면

홀로 있을 때
가만히 눈을 감고 있을 때
그럴 때
영사기가 있다면 좋겠어

가만가만 떠오르는
추억의 장면을
그대로 보여 주는
그런 영사기가 있다면
정말 좋겠어

가을바람의 비밀스러운 몸짓과
코스모스의 부끄러움에
툭 가슴이 내려앉으면

그때
너만 또렷이 보여 주는 그런
영사기가 있다면 좋겠어

가을엔 하고 싶은 말을 전하세요

문자에
오늘도 같은 인사를 합니다

"오늘 하루도 행복하게 보내세요"

하고 싶은 말은
한마디도 하지 못하고
늘 하던 글 인사만 적어서
보내봅니다

"너의 뺨이 물들 만큼
단풍이 붉은 날 만나고 싶어"

진심은
소리 없이 물들었다
사라지는 단풍 같습니다

가슴속에서만 울고 있다

눈이 건조해 병원을 찾았다
눈물이 부족해서라고 했다

가짜 눈물을 넣어 진짜처럼
눈을 흘려 보았다
주르륵 눈만 울었다

언제였을까
눈물이 가슴속으로 숨어 버린 게

가슴이 눈물을 숨겨 둔 날부터
나를 매정하다고 불렀다
그 말에 가슴은 오히려 먹먹해져도
눈은 더 단단히 굳은 땅이 되었다

창창하고 맑던 그 여름 같은 날에
호우처럼 쏟아져 내린 삶의 무거움
눈물을 지워야만 가벼워질 수 있었던 날들

그때 멈춰 버린 눈물이
지금도 여전히 가슴속에서만
울고 있다, 숨어서

지진, 땅의 눈물

땅이 흔들리자
어둠이 내리고
세상이 무너졌다

가족과 친구와 이웃은
삶을 송두리째 잃었고
슬픔은 층층이 내려 쌓였다

폐허를 향한
살려 달라 살아나라 살아라
울분과 눈물의 기도

그 속에서도
전해지던 희망의 소식
어린 동생을 감싸 안아 살려낸 소녀의 이야기
무너진 흙더미 속에서 첫울음을 울던 갓난아기

그래, 눈물은 잠시 멈추어 다오

※튀르키예 지진 2023년 2월 6일 21시 2분 11초

정류장 엘레지

코스모스를 꺾어 든 여인
정류장에 앉아 있다
반듯한 의자는 두고
그늘진 흙바닥에 앉아 있다

여인의 앞을 버스가 지나간다
꽃이 흔들렸다
그 후에도 몇 대의 버스가 지나간다
꽃잎 몇 장이 떨어지고
백발이 몇 가닥 자랐다

여인의 관심은 시들지 않는 그늘
그늘을 따라 자리를 옮긴다
정류장을 벗어나지 못하고
따가운 볕에
꽃잎 몇 장을 잃고
백발 몇 가닥 얻고서
하루하루 빼기를 하고 있다

조물주 위에 건물주

현관문 위에
거미집 두 채

햇살 내리는 아침에는
여관이 되었다가
부슬비 내리는 아침에는
펜션이 되었다가

월세도 없이
보증금도 없이
편히 살라 했더니

그 집은
날마다 잔치라네

날마다 잔치가 눈꼴시어
어느 날 집 두 채
홀랑 부숴 버렸네!

나의 선택은 즉흥적이었다

마트를 다녀오면
계획에도 없던 물건들이
따라온다

원 플러스 원이라서
덤을 준다기에
시식 코너 맛보기에 낚여서

계획하며 살아라
신중하게 살아라
이 말 저 말 다 듣고 살긴 했지만

아!
예쁘다고 샀던 저 구두
뒤꿈치가 벗겨져도
아까워서 버리지 못한 구두

아!
남편 같은 저 구두
어쩌면 좋아

어느 회사원의 탈출기

생선이 마지막 몸부림을
치고 있다

활어로 퍼덕이며 누비던 바다
온몸 열기로 달아올라
쉼 없이 내달리던 바다

그물의 요동을 견디지 못한 날
줄지은 가판에 누워
선택을 기다린다

어둠을 몰고 오는 인고의 시간
그러다 초췌해진 육신의 껍질
가쁜 숨통은 최대로 숨을 들이마신다

곁눈질로만 훔치던
검푸른 바다로
오아시스 가득한 섬을 찾아
힘껏 튀어 오른다

냉전의 끝

침묵과 무관심의 전쟁

아이와 전화기에만 말문을 열고
말대꾸로 낚일 뻔한 입을 때리며
세탁기와 같이 파업을 선언했다

짝 잃은 양말 구겨진 와이셔츠 컵라면
보이지 않는 선 넘어가 소란스러웠다

그렇게 며칠
귤이 담긴 봉지와
가을 국화를 안은 그가

슬그머니 선을,
넘었다

터널을 대하는 자세

속도를 줄여 주세요
불도 켜 주세요
앞서가지 마세요
따라만 가도 된답니다

열려 있어요
그 끝은 시작과 하나입니다
무표정이 되기도 해요
잠들지 마세요

음악의 볼륨을 올려 주세요
심장이 춤출지도 모릅니다
겨드랑이에 날개를 숨겨요
상상하지 마세요

절반의 터널
지천명입니다

갈대의 낭독

속이 빈 나는
하지 못한 말들로
그 속을 채웁니다

가끔 속에서는
물소리도 나고
바람 소리도 나고
새소리와 짝을 짓지 못한
매미 소리도 흘렀습니다

겨울이 오고서야
흰 눈이 오고서야
시끄러웠던 제 속은
읽기를 멈추었습니다

겨울나무

제4부

겨울의 등

당신이
긴 팔을 가졌으면 좋겠습니다
팔이 길면
하늘의 별도 따줄 수 있겠지요
팔이 길면
당신은 나를 안기도 좋을 거예요
팔이 길면
긴팔의 옷이 필요할지도 모르겠어요
팔이 길어
이것저것 좋은 것도 나쁜 것도 있을 거예요

팔이 긴 당신에게
선물을 하나 할게요

팔이 긴 당신,
남을 위한 그 어떤 것도 하지 말고
이제 그 팔로
당신을 안아 보세요
그동안 겨울이기만 했을

당신의 등이
겨우내 따스할 거예요

곶감

붉은 겉옷을 벗고
속살을 드러낸 감들이
대롱이며 매달려 있다

쪼글쪼글 말랑해진 엄마의 젖
동생이 나면서 시샘만 내었던
동생 몰래 살짝 냄새만 맡고
엄마 몰래 살짝 만져만 본 젖

시설枾雪이 오기도 전에
오십 년 배고픈 입이
몰래 훔쳐 맛본다

별 다방 미스 김

밤꽃 흐드러진 샛골에는
살랑살랑 꼬리 아홉 개 달린
미스 김이 뜬다

봉지 씌운 애사과 과수원으로
검정 비닐 골 싸맨 고추밭으로
볏짚 이불 곱게 깔아둔 인삼밭으로
탱탱한 가슴골을 흔들며
이 골 저 골로
아지랑이로 아롱댄다

유연한 몸놀림에
손가락 사이로 또로록 떨어지는 커피 한 잔이
멍에로 매달린 자식새끼 까맣게 잊고 마는
울 아버지 넘이네 아버지
박카스가 되었다

일찌감치 알 까고 간 뻐꾸기 소리가
뻣꾸 뻣꾸 색스러운 소리로 맴돌고

열불 난 어머니
온종일 벌겋게 익은 아버지 등에
얼음장 같은 우물물 한 바가지 부어 올리면
덩달아 우물가 앵두가
빨갛게 낯을 붉힌다

그녀는 언제나 봄

옆집 사는 그녀는요
노래가 나오면 노래를 따라 해요
춤을 보면 따라서 춤을 춰요
그녀의 마음은 일곱 살 소녀

화남도 슬픔도
노래만 있으면 좋아요
춤만 추어도 좋아요
그녀는 날마다 봄이랍니다

이제도 오늘도 내일도
일곱 살만 사는 그녀
봄비가 내리면
살며시 그녀의 우산이 되어 줄래요

그때가 또다시 오면

밭농사 거름으로
매일 새벽 산과 들로 나가
여린 나뭇가지며 억센 풀을
한 짐씩 지고 오시던 아버지

아버지가 부려 놓은 풀이
집채만큼 쌓이면
고사리 같은 팔로
아버지를 도와 풀을 썰었다
작두를 누르는 힘은
턱도 없이 모자라서
하늘로 껑충 뛰어올랐다가
자석처럼 달라붙는 다리의 힘으로
싹둑싹둑 잘도 잘랐다

궁합 잘 맞던 그 일이 끝나면
옛이야기 속 은혜 갚은 도깨비처럼
개암이 주렁주렁 달린 나뭇가지를
선물처럼 안겨 주시던 아버지

이제
풀 내음 짙던 등은
기댈 곳이 없는 지게와
바람만 받치고 선 지겟작대기를
먼 먼 눈으로만 업어 본다

가시

아버지의 손바닥을 본 적이 있다
하나둘 까맣게 박힌 가시들
불빛 밝혀 두고
바늘 끝을 세워 빼보려 하지만
아버지는 한사코 말리신다
이제껏 쥐고 살았는데
이 아픈 게 뭐 대수냐고
세상살이 살아온 날들은
더 날카롭고 아팠더라고,
아버지는 맨손으로
관솔가지 한 줌을
아궁이 깊숙이 밀어 넣는다

어머니

당신이 건네준 마음이
냉동실 화석으로 굳어 있습니다

지난 명절이었나 봅니다
정성 담아 만든 음식을
봉지 가득 담아 주며
가면서 먹고
쉬기 전에 먹고
두고두고 먹어

그 말씀
까맣게 잊어버리고
오늘에야 열어 보았습니다

검은 봉지 한구석
구겨진 흰 봉투 하나
당신이 손수 쓰신 편지와 오만 원 두 장
제때 밥 먹고 다녀 굶지 말고

당신의 걱정 어린 그 말씀이
냉동실 화석으로 까맣게 굳은 그 마음이
주르륵 녹아내립니다

별리

안개 자욱한 거리
새벽달이 차다

육신이 해탈하는
그 짧은 시간을 위해
외조모와 이별하는
그 시간의 공간
속으로 간다

하나의 씨방에서
솟아난 씨앗들이
또 하나의 씨방을 세우고
씨앗을 보내듯이
순환되는 영속의 삶을
위로하며

어제 내린 비가
승천하는 길 위에
보이고 싶은 추억만큼

감추고 싶은 마음만큼
눈물로
안개를 만든다

백묘白描로 그려진 달이
사그라질 때까지

푸른 겨울밤 이야기
─울지 마, 길고양이

한 아이가 푸른 겨울밤을 울고 있다
집과 집들로 꽉꽉 들어찬
도심 속 골목 온화한 빛들이
겨우 찾아들 만한 곳에서
한 아이가 울고 있었다

며칠을 그렇게
그 아이의 울음을
아무도 눈치채지 못하고 있었다
간혹, 담을 타고 지나치는
검은 길고양이 한 마리가
흘끔거리자 더욱 거칠게 울 뿐이었다

볕 좋던 어느 날엔가
다리 근처에서 그 아일 본 적이 있다
다리에서 볕이 제일 잘 드는 곳
시멘트 기둥에 등을 기대고 앉아 서로를
꼬옥 부여안고 고르게 털을 핥던
아버지와 아들을 말이다

서로가 하나도 닮지 않은 그 둘을

또 다른 골목 안에서는 불빛들이
미친 듯이 건물들의 창문을 두드리고 있었다
그 밤 가장 깊은 골목 쪽방에 살던 할아버지
전기가 꺼진 장판에서 어머니 태중에 안기듯
고요한 긴 잠을 청하고 있었다

그 밤은 그렇게 지나고 있었다
그 아이는 주검으로 누운 아버지를
한없이 부르고 있었다 하나도 닮지 않은

구멍에도 삶이 있다

뽀얀 사골국이 끓는다
밤을 지새운 뼈는
구멍 숭숭 제 가진 것들
모두 쏟아 놓았다

봄볕에 땅을 기며
여름내 땅을 기며
하늘 한 번 못 보고 농사짓던 어머니
열 달씩 짓는 농사도 이태마다 네 번이나 지으시고
이제는 나무 좀 심어 봐라
봄볕에도 하늘 보고
가을볕에도 하늘 보고
구름 노는 하늘 한번 보자 하시더니
땅만 보고 사시다
펴지지 않는 무릎
뼈마다 구멍이 숭숭 났단다

어머니 평생을 우려먹은 자식들이
비어 버린 어머니의 시간을
폭 닳은 사골국으로 채우고 있다

사진 그 한 장

기억을 잃어 간다는 것은
설레었던 순간을 잊는다는 겁니다

남편과 백년가약 맺던 날도
첫아이 태동을 느끼던 순간도
그 아이가 엄마라고 불렀던 순간도
그 아이가 여자 친구가 생겼다며
나란히 손잡고 인사 오던 날도
하나씩 하나씩
낯설어지는 겁니다

기억을 잃어 간다는 것은
삶이 하나씩 지워지는 겁니다

어머니 손에 들린 흑백 사진 한 장
앳된 신랑 신부가 환하게 웃고 있습니다

천문암에 첫눈이 내리고

첫눈 소복하니 내려앉은 담장 아래
숫눈 밟고 올라간 여승의 고무신 도장
새벽 기도 나온 참새들 제 발자국 대어 보고
가부좌로 앉은 여승의 어깨 위에는
꽃살문 넘어오는 찬바람이 내려앉고
불당의 부처님 미소, 온기로 감싸 안으면
청아한 풍경 소리 절 마당을 품는다

나무라서 혼자라서

입동이 되던 날
아버지의 하나 남았던 남동생이
첫눈을 기다리지 못하고
떨어지는 낙엽처럼 떠나 버렸다

수년을 얼굴도 보지 못했다며
마지막으로 보았을 때
여윈 손으로 아버지의 손을
꾹 눌러 잡더라고
그때 그 손이
어머니 살결처럼 곱더라는

동생 영정 앞에서
희미해진 어린 시절을 떠올려 보고
그때는 그랬지
잘 놀기도 하고
잘 싸우기도 하고
동네 느티나무가 우리 놀이터였지
그때가 좋았지

느티나무처럼 서 있는
아버지의 옆모습이
유난히 시려 보였다

꽃물

봉숭아 꽃잎 따다
여든 어머니 더덕 주름 가득한 손
꼭꼭 숨은 손톱 위에 꽃을 피웠다

시집오기 전 해마다 들이던 꽃물
시누이 꽃물 들일 때
치마 속 감춘 손은 자꾸만 울었다지

깨지고 휘어지고
세월이 검게 딱지로 붙은
오그랑바가지 손에
꽈릿빛 꽃이 피어날 때

꽃물은 손톱을 비집고 나와
가슴에 온기 가득한 꽃물차를 우린다

겨울나무

전화를 한다
빈 숲을 울리는 신호음

푸드덕 푸드드
날개 하나 떨치고 가는 후조
이제
겨울나무는 며칠을 앓아눕겠지

후조가
품 안에 날아들던 그날부터
비비고 부비고
목피가 닳아 붉은 흉터가 되도록
품 안에 남은 온기로
이 겨울이 가고 있는데

그 자리
그 자세로
새봄을 기다리겠지
새 눈[雪]을 기다리겠지

나무가 되어 버린
나의 아버지

전화를 한다
빈 숲이 살아난다

추어탕

아버지는 뒷짐에 삽자루를 끼고
양동이 든 딸을 앞세우고
겨울 논으로 가신다

얼음판이 된 논에는
벼 밑동이 촘촘히 박혀
시린 겨울을 어루만지고
오대벼를 심었다는 논에는
찬물 나는 곳이 두어 곳 있는데
찬물에는 찰벼를 심어
찹쌀이 빈 기미니니 니왔단디

논 가장자리 웅덩이는 대야만 했다
삽질 몇 번이면
토실토실 잘 익은 미꾸라지가
얼음판 위로 쏟아지고
떨어진 벼 이삭 줍듯 주워
양동이에 미꾸라지가 차면

그 겨울 초저녁
아버지의 진한 웃음이 안주가 된
들큼한 추어탕이 밥상 위에 올랐다

전기놀이

열셋 소년 소녀가
한 이불에 다리 넣고

소년소녀소년소녀소년…
요렇게 딱 붙어서는
살짝살짝 전기를 보냈지

몰래 왼쪽으로도 전기 보내고
또 몰래 오른쪽으로도 전기 보내고

전기는 가나가
뚝,
정전이 되기도 했지

또 누가 눌렀는지
왼쪽에서 오른쪽에서
과열로 합선이 되기도 했지

아궁이는 활활

아랫목은 따끈따끈
손에서는 전기가 찌릿찌릿
그 겨울엔 감전 사고가 여러 번 났지!

개복숭아 서리하던 날

방 두어 칸에 달랑 부엌 하나
방과 방 사이에
궁둥이 붙일 만한 좁은 마루
그 집에 살던 안주인 외증조할머니
먼 길 간다고 꽃단장 상여 타고
구불구불 산길을 잘도 가시네

할머니 손때 묻은
수돗가 펌프
그날은 펑펑 잘도 울었지
평소에 그렇게 잘 울어 주지
할머니 팔이 구부러지고
허리가 더 구부러진 거
알긴 아는지

툇마루에 앉아
다리를 흔들다가
마당가 개복숭아 눈에 들어왔지
빨갛게 물든 엉덩이 한입 베어 물고

할머니 몰래 먹던 사탕이 생각나
자꾸만 멀어지는 꽃상여로
그 꼬리로 눈이 쫓아갔지

그날,
할머닌 어찌 아셨을까
내가 몰래 개복숭아 먹은 걸
간질간질
간지럼 태우는 할머니 손길

구십의 바람은

올봄은 꽃 보러 가련다
말리지 말거라
두 발이 안 되면 두 바퀴로 갈란다

코로나로 2년
문밖출입 못하고
창문 너머 풍경만 바라보고 살던 어머니

출렁 그녀의 삶이 화살에 매달려 날아간다
휘청휘청 휘어지던 삶이
팽팽하게 딩거진 봄을 향해
돌돌 잘도 굴러간다

그런 그녀의 등을
바람이 슬쩍 밀어 준다
꽃바람이란다

목침

반질반질 윤이 나는
나무 베개

군데군데 움푹 들어간 상처들

몇 번은
벽과 뒹굴었고
몇 번은
장롱 모서리와 씨름을 했으며
몇 번은
큰딸과 아들의
회초리 수를 세었었다

한의사의 침처럼
따끔한 체벌은
나무 베개가 눈물로 푹 젖고서야
멈추었었다

그 밤, 아버지는

자식의 눈물을 베고 누워
깊은 한숨으로 잠이 드셨다

이의희 시인의 시 세계

해설

> 해설

번쩍, 'ㄱ'의 순간
―이의희 시인의 시 세계

최길하 | 시인

1. 번쩍, 'ㄱ'의 순간

 2024년 10월 10일 밤 10시. 한잠 자고 일어나 시평을 쓰려고 인터넷을 켰다. 번쩍, '한강'의 노벨문학상 소식! 어제는 한글날이다. 세종대왕께서 훈민정음 창제시 첫 자음 'ㄱ'이 만들어질 때의 순간이 이랬을까?
 한강은 소설보다 먼저 시를 썼다. 그래서 그의 문체는 "인간 삶의 연약함을 드러낸 강렬한 시적 산문"이라는 노벨상위원회 평가다. 사실 우리말을 번역할 만한 상위 버전은 없다. 그것이 난제다. 우리말의 섬

세하고 다양한 시적인 운율은 어느 언어도 만족스럽게 번역할 수 없다.

한류, 우리말, 우리글이 빙의가 된 것이다. 우리말 우리글이 세계로 활짝 꽃이 피었다. 아버지 어머니가 말씀하셨다. 농사꾼이 볕 좋을 때 그냥 놀리면 안 된다. 우리말 우리글은 예술의 볕이다. 문학! 이런 환희의 순간이 온다. 이의희 시인의 첫 시집『여인의 봄』속에 시들도, 번쩍, 순간에 핀 꽃 'ㄱ' 이었을 것이다.

2. 시는 내 뒷모습의 주인공

앞만 보고 살았다. 뒤돌아볼 새 없이 살았다는 말이다. 자식, 일가친척, 살림살이 사회생활 등등 앞가림하며 살다 보니 너나없이 그랬다.

아이들 미리 크고 나이 들면 문득 자신에게 연민을 느낄 때가 있다. 내 속에 다른 내가 있었구나! 하는 것이다. 그 그리운 나의 그림자가 보일 때가 있다. 이럴 때 돌아보고 싶은 가난한 마음이 생긴다. 바위에 물이 생기듯. 이 마음이 시다. 그래서 시는 내 뒷모습의 주인공인지 모른다.

이의희 시인의 시집『여인의 봄』은 봄 여름 가을 겨울 4부로 편집됐다고 볼 수 있다. 그동안 쓴 작품들이 모두 계절의 그림자를 드리운 것은 아니지만, 그럼에도 계절에 비추어 편집한 것은 시인의 삶과 세월을 인생의 계절에 기대 보고 싶은 심정이 아니었을까?

사물이나 풍경 추억들을 현재의 삶을 통해 안으로 들여다보는 작품들이 많다. 그만큼 계절에 따른 마음의 동요가 많았던 것 같다. 특히 4부 겨울 편을 보면 시인의 유년 시절 흑백 필름이 시인의 가슴속에 어슴푸레 돌아가고 있다.

나를 들여다본다는 것은 지금 내가 과거의 추억을 들여다보는 렌즈이기도 하지만, 과거의 내가 지금 나를 내다보는 창이기도 하다.

'생각'은 어떻게 형성될까? 뇌신경 과학에 의하면 경험된 기억들은 잠재의식으로 내 DNA 저변에 염색되어 있다고 한다. 염색체染色體, 물감이 옷에 튀어 스몄다는 뜻. 이 과학 용어를 시적 언어로 쓰고 있으니 꽤 낭만적이다.

종족으로부터 그리고 자라난 환경으로부터, 내 몸과 마음은 고유한 떨림과 울림을 형성한다. 그것이 내 무늬고 마음이다. 과거의 잠재된 정보 메모리에 의해서만이 현재 스쳐 가는 영상에 착상되어 공명을 일으키는데 그것이 생각이라는 것. 그리고 보면 유년의 추억은 평생 쓸 나의 에너지가 되는 것이다.

이의희 시인은 경북 영주 부석사가 있는 산그늘에서 자랐다. 풍기를 지나 순흥 부석면에 이르는 길을 들어가 보면 청전 이상범 화가의 화폭 속으로 들어가는 느낌이 든다. 야산과 언덕의 농경지에 연분홍 꽃들이 피는 봄, 쓸쓸한 조락의 계절 가을이 있고, 가을이 가면 만물이 옷을 벗은 적막 싸인 겨울. 연민과 슬픔이 흐르는 아름다운 풍경이다. 그래서 거기 신라시대 화엄사찰 부석사가 있다. 슬픈 아름다움이 맴도는 사유의 공간이다.

그 땅에 그 사람이라는 말이 있다. 신토불이. 동기감응이라는 말이 바로 그 말이다. 모든 물질 물체는 고유의 진동 주파수를 가지고 있다. 땅은 토질이나 형태에 따른 고유 주파수로 진동한다. 부석사가 있는 땅에서 자란 시인은 그 땅에서 자란 생물이다. 그 땅의 심성과 기질로 진동한다. 이것이 신토불이. 동기감응의 공명 주파수다. 이의희 시인의 살과 뼈, 생각은 바로 그 땅이다.

3. 시는 나에게, 내가 원하는지조차 몰랐던 말을 해준다

왜, 시를 쓰는가? 왜 시를 읽는가?

시는 우리가 우리에게 원하는 말만 하지 않는다. 시는 우리가 우리에게 원하는지조차 몰랐던 말을 해준다. 우리는 우리가 원하는지조차도 몰랐던 말을 시가 해준다는 것을 안다. 그래서 시는 품에 넣어 읽는 것이다.

우리가 지금 읽는 시들은 현재의 시가 아니라 미래의 시다. 우리가 지금 읽는 시는 미래의 그늘이고 미래의 볕이 된다. 시는 나를 키운다. 유년의 시간들이 오늘 나의 모습이 되었듯이. 지금 읽고 쓰는 시들은 미래의 무늬가 된다. 시의 언어와 문장은 논리의 문법이 아니라 감정의 문법이다. 그래서 시는 우리가 우리에게 원하는지조차 몰랐던 말을 해준다. 어린아이들이 깜짝깜짝 놀랄 말을 한다. 시는 그런 것이다. 그래서 문법이 다르지만 시를 읽는다.

시는 인간의 깊은 곳까지 내려가서 영혼과 하는 대화다. 삶이라는 것은 인간의 의미를 잊고 살게 하지만, 시는 잊어버린 그 의미를 다시 싹트게 한다. 사랑과 시는 이제 다른 삶이 가능하다는 것을 가르쳐 준다.

시는 인간의 오감五感 밖에 또 다른 제6의 신경이고 감각이다. 이 감각은 나를 채우는 요소가 되기도 하지만 나를 세우는 구조가 되기도 한다.

4. 시는 우리에게 천천히 말하는 법을 알려 준다

시는 천천히 말하는 어법이다. 시를 읽는 것은 내게 천천히 말해 주는 산책의 보법이다. 오래오래 생각하고 언제나 수정이 가능한 말이고, 시인과 나의 살가운 대화다.

좋은 시는 소박하다. 그러나 누구도 시인들만큼 잘 묻기는 어렵다. 나는 그런 시로부터 질문하는 법을, 그 자세의 삶을 배운다. 이것이 시를 손에 들고 있는 이유다. 인생은 질문하는 만큼만 살아지기 때문이다.

시는 그 사람의 육성이다. 이의희 시인이 걸어온 인생의 행과 연으로 동행해 보자.

첫 페이지에 올려진 〈배꼽〉이라는 작품이다.

떨어진다는 건
생명 하나 만드는 일

배꽃 떨어진 자리에
배가 열리고
탯줄 떨어진 자리에
아이 하나 태어나듯

그러나,
떨어진다는 건
가장 처음 겪는
외로움의
시작

배에 배꼽이 있듯 모든 열매 과일은 배꼽이 있다. 태에서 자란 모든 동물도 배꼽이 있다. 꽃 진 자리다. 어머니도 꽃이었다. 그 꽃 지며 맺힌 것이 나다. 나도 꽃이 되었으며 꽃이 지며 열매에게 내 모든 것 젖을 준다. 그리고 평생 보이지 않는 줄이 있다. DNA 염색체 탯줄이다.

〈찻물을 우리다〉라는 작품을 보자.

한 잎 봄빛이 우러나온다
찻잔 가득 풀어져 나온 봄이
방 안 가득 향기롭다
(중략)
잊었던 것
지우고 살았던 것
그대 품에 여인으로 우러나
오래도록 감도는 향이고 싶다

덖어서 말린 찻잎을 뜨거운 물에 넣으면 다시 연초록 찻잎으로 피어난다. 인생도 그렇다. 이것저것 사람 도리하며 오골오골 정신없이 살다가 찻잔 앞에 잠시 휴식을 취해 보면 나도 찻잎이 되어 살 연할 때로 다시 피어난다. 이게 보이지 않던 시인의 속살이다.

껑충 시간을 건너뛰어 〈그때가 또다시 오면〉이라는 작품을 보자.

> 밭농사 거름으로
> 매일 새벽 산과 들로 나가
> 여린 나뭇가지며 억센 풀을
> 한 짐씩 지고 오시던 아버지
>
> 아버지가 부려 놓은 풀이
> 집채만큼 쌓이면
> 고사리 같은 팔로
> 아버지를 도와 풀을 썰었다
> 작두를 누르는 힘은
> 턱도 없이 모자라서
> 하늘로 껑충 뛰어올랐다가
> 자석처럼 달라붙는 다리의 힘으로
> 싹둑싹둑 잘도 잘랐다
>
> 궁합 잘 맞던 그 일이 끝나면
> 옛이야기 속 은혜 갚은 도깨비처럼
> 개암이 주렁주렁 달린 나뭇가지를
> 선물처럼 안겨 주시던 아버지

이제
풀 내음 짙던 등은
기댈 곳이 없는 지게와
바람만 받치고 선 지겟작대기를
먼 먼 눈으로만 업어 본다

 시인도 유년의 이런 삽화가 있었구나! 동화다. 참 너나없이 힘든 시절이었지. 지나고 보면 그 힘들었던 시절의 향기가 더욱 짙게 느껴진다. 소나무 잣나무도 메마른 땅에서 힘겹게 자란 나무가 향이 더 짙다. 그래서 '세한도'라는 작품이 보물인 것이다.

〈가시〉라는 작품이다.

아버지의 손바닥을 본 적이 있다
하나둘 까맣게 박힌 가시들
불빛 밝혀 두고
바늘 끝을 세워 빼보려 하지만
아버지는 한사코 말리신다
이제껏 쥐고 살았는데
이 아픈 게 뭐 대수냐고
세상살이 살아온 날들은
더 날카롭고 아팠더라고,

아버지는 맨손으로
관솔가지 한 줌을
아궁이 깊숙이 밀어 넣는다

그 가시가 시인이고 가족이었을 것이다. 예뻐서 더 아픈 꽃 같은 가시! 부모님이 이 시를 보면 슬펐을 것 같다. 그런 것은 모르고 살기를 원하는 것이 바로 부모 마음이니까.

〈어머니〉라는 작품이다.

당신이 건네준 마음이
냉동실 화석으로 굳어 있습니다

지난 명절이었나 봅니다
정성 담아 만든 음식을
봉지 가득 담아 주며
가면서 먹고
쉬기 전에 먹고
두고두고 먹어

그 말씀
까맣게 잊어버리고

오늘에야 열어 보았습니다

검은 봉지 한구석
구겨진 흰 봉투 하나
당신이 손수 쓰신 편지와 오만 원 두 장
제때 밥 먹고 다녀 굶지 말고

당신의 걱정 어린 그 말씀이
냉동실 화석으로 까맣게 굳은 그 마음이
주르륵 녹아내립니다

 냉장고도 뜨거워 주르르 녹아내리고, 시인도 주르르 흘러내리고 "엄마, 속상해!" 하며 울었을 것이다.

 〈푸른 겨울밤 이야기〉는 길고양이 부자父子의 이야기다. 아버지 고양이가 아들 고양이를 두고 숨을 거두는 장면. 아들 고양이가 막막하게 무너지는 장면이 계절의 배경으로 전개된다. 이것은 동화로 한번 써 보시길.

 〈겨울나무〉라는 작품이다.

 전화를 한다

빈 숲을 울리는 신호음

푸드덕 푸드드
날개 하나 떨치고 가는 후조
이제
겨울나무는 며칠을 앓아눕겠지

후조가
품 안에 날아들던 그날부터
비비고 부비고
목피가 닳아 붉은 흉터가 되도록
품 안에 남은 온기로
이 겨울이 가고 있는데
(중략)
나무가 되어 버린
나의 아버지

전화를 한다
빈 숲이 살아난다

 겨울나무와 후조候鳥와 아버지가 하나가 되었다. 이것을 볼 수 있는 시인의 눈. 아버지는 쓸쓸하면서 뭉클한 것이 안겨 오는 느낌일 것이다.

그동안 문학은 조류가 바뀌었다. 30년 전까지만 해도 남성적 서사 구조였다. 건물의 외경 중심 구조주의였다. 즉 서사와 주제 중심이었다. 이 문학 사조가 이제 건물 안 세밀하고 내밀한 내부의 문체 구성으로 바뀌었다. 처음엔 저항도 만만치 않았다. '하루키' 등 일본이나 외국 문학이 출판계 주류를 이루다가 한국의 문학이 이 조류로 뿌리내리기 시작한 지는 10년 정도다. 여성적 문체와 디테일한 심리 묘사는 문학뿐만 아니라 음악 미술 건축 모두 변했다.

이것은 아마도 문명이 양자 역학인 전자 디지털 시대로 바뀐 그 그림자일 것이다. 과거의 철학은 인과로 결정지어지는 코스모스(원인에 의한 결과. 질서로 드러남)의 고전 역학 시대였다. 그러다 미시 세계 전자 시대가 되면서 사물은 상호관계에서만 존재한다는 것을 알고부터다. 즉 미시 세계 과학이 철학의 본모습을 보이면서다. 사물이 서로 엉켜 영향을 주고받는 카오스(무질서)가 본질이었다.

이의희 시인의 시에서도 그 느낌은 완연하다. 시 속에 내밀한 심리적 묘사가 그것이다. 조선의 문체는 연암 박지원 전후로 갈린다. 연암 박지원은 시시콜콜 수다스럽다. 그 이전 문체는 자왈 하면서 공자 맹자를 들먹이는 근엄한 구조주의였다. 이제 문학예술 과학 철학은 그 구조주의에서 내밀하고 은밀한 구성주

의로 넘어가고 있다.

한강의 노벨문학상에서 보듯이 내밀한 시적 문체는 한동안 문단의 사조가 될 것이다. 그것은 과학이며 철학이기 때문이다.

같은 문학의 도반으로서 부조 삼아 하나의 기술을 알려 주겠다. 시제와 내용이 너무 평형을 이루었다. 낙차를 크게 하면 시제와 내용이 제곱근을 가진 큰 그릇이 된다. 내가 가장 사랑하는 시 〈$E=mc^2$〉이 말해 준다. 에너지(E)=낙차(c^2)의 제곱근이지 않는가?

5. 시라는 따뜻한 핏줄

시가 있어 우리의 피는 따뜻하게 뎁혀진다. 시는 사람 속에만 흐르지 않는다. 모든 생명과 사물 속에 흐른다. 호흡과 맥박이 그것이다. 그 시가 리듬 패턴 무늬다. 그래서 율律이라고 한다. 신은 시와 노래로 이 세상을 하나의 그물망으로 엮어 놓았다.

"노래는 거기 그대로 있는데 삶은 변하지 않는 것이 없다. 사랑은 식고, 재능은 사라지고, 희망은 흩어진다." '녹턴'의 말이다. 인간을 비롯한 세상의 모든 것은 흐려지면서 넓게 편재(넓게 넓게 흩어지면서 하나 속에 귀속됨)되어 간다. '열역학 2법칙'인 공학 용어가 인생 철학 인문학 용어가 되었다.

'열역학 2법칙'을 풀어 얘기하자면 나이를 먹고 세월이 쌓인다는 것은 넓이를 가진다는 말이 된다. 진한 것이 엷어지면서 넓이를 가지게 되는 것. 하나 속으로 들어갈 때 거슬리지 않기 위한 화음조율이다. 불교에서는 이를 '화엄華嚴'이라 한다. 보이지 않는 하나의 꽃 속에 내가 녹아드는 것이다. 시인이 자란 시인의 영토가 바로 우리나라 화엄종찰 1번지 부석사가 있는 곳이다.

6. 어머니 속에 갇혀 있던 나를 꺼내 보자

신라의 화엄종찰 부석사. 신라는 화백회의가 있고 화랑도가 있고 화엄경華嚴經이란 이데올로기 교과서가 있었다. 이것이 통일의 주춧돌이었다. 화엄경華嚴經이란 교과서 내용을 비유적으로 말하면 "우리는 하나의 꽃밭이다. 이 커다란 꽃밭의 꽃들은 모두 꽃밭을 위해 존재할 때 의미가 있다." 이 이데올로기 사상으로 신라는 삼국 통일을 이룩한다. 백성인 꽃은 국가인 꽃밭을 위해 있다는 것이다. 통일신라는 200년도 안 돼 지배 권력은 타락하고 멸망한다.

그 후 고려가 등장한다. 민심을 달래기 위해 국가의 이데올로기 교과서를 바꾼다. 신라의 화엄불교 논리를 악센트 부분만 살짝 옮긴다. "꽃 한 송이 한 송이가 모여 꽃밭이 된다. 우리는 꽃 한 송이 한 송이를 아름답고 건강하게 여길 것이다." 이 교과서의 이름은 법화경法華經이다.

수학과 물리 화학은 이를 하나로 본다. 이 하나가 주어지는 환경에 따라 변할 뿐이다고 말한다. 미분과 적분이다. 미분은 꽃 하나하나고 적분은 그 꽃들이 가득한 꽃밭이다.

자기 삶이 없는 어머니로서의 희생이 화엄경이다. 어머니 안에 다른 내가 보이는 것이 법화경이다. 〈여인의 봄〉 속에 시인은 자기에게 최면을 걸고 있다. 안개 속에 무엇이 어슴푸레 보인다. 과거의 기억, 과거의 나다. 이제 어머니 속에 들어 있는 또 다른 나인 그 소녀에게, 이 시를 읽어 주면서 삶을 더 사랑해 보라고 부탁할 시간이다. 시는 어머니로 굳은 세월의 관절을 풀어 줄 것이다.

살면서 집으로 돌아오는 길이 때로 너무 길 때가 있다. 그 지도는 어쩌면 인생의 문장일지도 모른다. 시의 한 행은 짧지만 그 한 문장이 나에게 도착하기까지 그것은 부처가 일생을 간 긴 길일 수도 있고 예수가 간 고행의 길일 수도 있다. 시의 행간은 그런 경전의 길이 아닐까?

"우리는 지상에서 보낸 날들의 수만큼 사는 게 아니라, 우리가 즐긴 날들만큼 사는 것이다." 소로의 말이다. 진정한 시인이란 자연이 그의 슬픔과 기쁨에 비와 바람으로 호응하리라. 그의 시가 그저 새소리 물소리 바람 소리, 창문으로 들어온 찻상만 한 볕과 같아질 때를 기다린다. 시가 즐겁고 은밀한 여생의 은신처이자 맑은 영혼의 바람이 부는 소풍이었으면 한다.

여인의
봄

발행 I 2024년 11월 20일
지은이 I 이의희
펴낸이 I 김명덕
펴낸곳 I 한강출판사
홈페이지 I www.mhspace.co.kr
등록 I 1988년 1월 15일(제8-39호)
주소 I 서울특별시 종로구 인사동11길 16, 303호(대형빌딩)
전화 02-735-4257, 734-4283   팩스 02-739-4285

값 12,000원

ISBN 978-89-5794-576-6 04810
      978-89-88440-00-1 (세트)

※저자와의 협약에 의해 인지는 생략합니다.
※이 책은  충청북도, 충북문화재단 의 후원을 받아 예술창작활동지원사업의 일환으로 발간되었습니다.